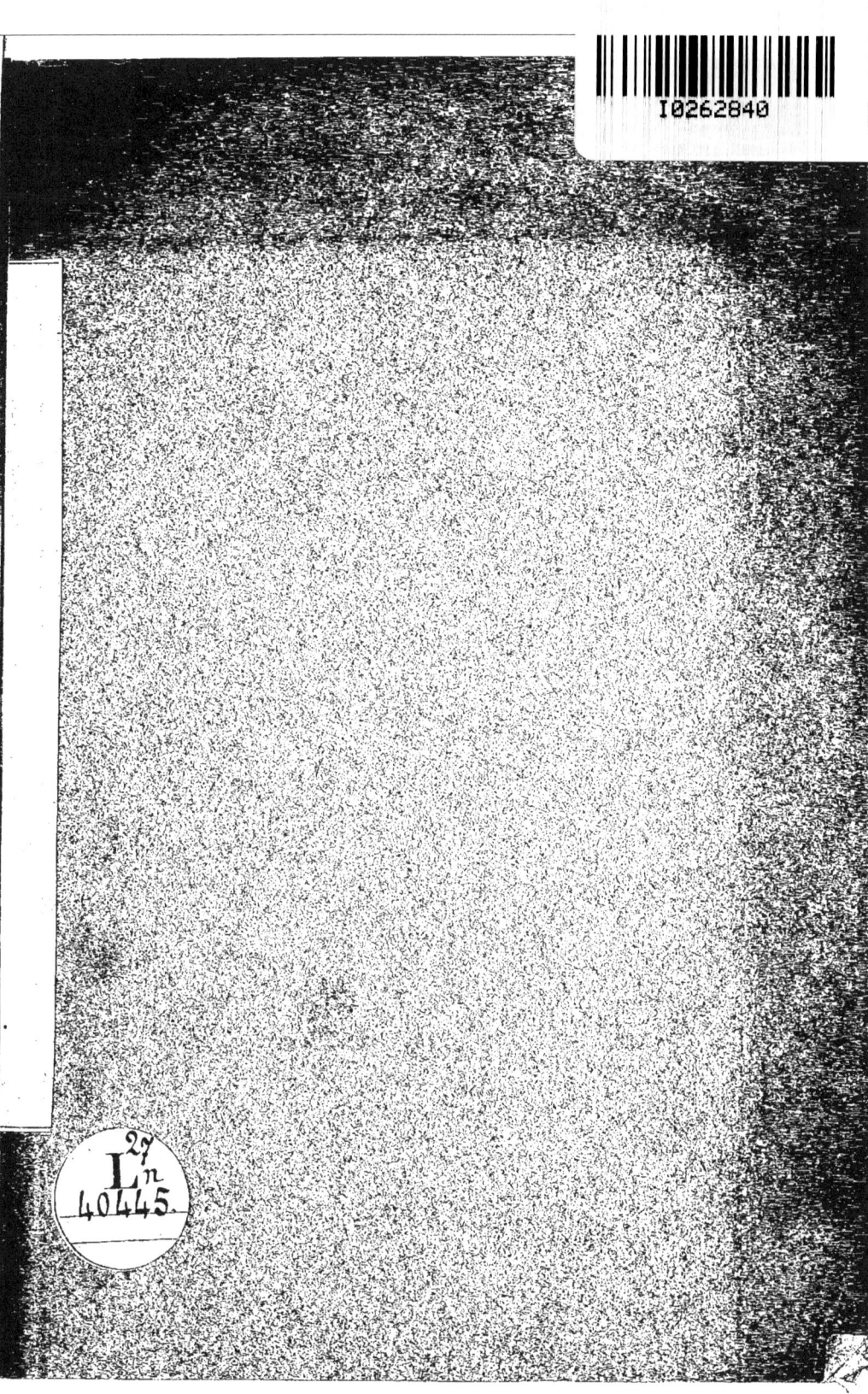

LES PRÉCURSEURS

DE LA

BIENHEUREUSE MARGUERITE-MARIE

(MARIE DE VALENCE)

PAR

M. L'Abbé TROUILLAT

Chanoine honoraire, Aumônier de la Visitation.

> Apprenez qu'il fait grand bien, à un pauvre pécheur comme moi, de converser cœur à cœur avec une sainte épouse de Jésus-Christ, telle que Marie de Valence.
> *S. François de Sales.*

> Une grande servante de Dieu (Marie de Valence) m'a assuré que.....
> *Sainte Chantal.*

> .....Vous prendrez aussi congé de la bonne et très chère Marie (de Valence), et recommanderez, s'il vous plaît, à ses prières cette petite compagnie et le plus chétif et le plus misérable des hommes qui est moi.
> *S. Vincent de Paul.*

> Je me souviens qu'étant allé pour visiter cette grande âme, Marie de Valence....
> *M. Olier.*

VALENCE

IMPRIMERIE VALENTINOISE — PLACE SAINT-JEAN.

—

1891

LES PRÉCURSEURS

DE LA

BIENHEUREUSE MARGUERITE-MARIE

(MARIE DE VALENCE)

VRAY POVRTRAIT DE MARIE DE VALANCE

LES PRÉCURSEURS

DE LA

BIENHEUREUSE MARGUERITE-MARIE

(MARIE DE VALENCE)

PAR

M. L'ABBÉ TROUILLAT

Chanoine honoraire, Aumônier de la Visitation.

Apprenez qu'il fait grand bien, à un pauvre pécheur comme moi, de converser cœur à cœur avec une sainte épouse de Jésus-Christ, telle que Marie de Valence.
S. François de Sales.

Une grande servante de Dieu (Marie de Valence) m'a assuré que.....
Sainte Chantal.

....Vous prendrez aussi congé de la bonne et très chère Marie (de Valence), et recommanderez, s'il vous plaît, à ses prières cette petite compagnie et le plus chétif et le plus misérable des hommes qui est moi.
S. Vincent de Paul.

Je me souviens qu'étant allé pour visiter cette grande âme, Marie de Valence....
M. Olier.

VALENCE

IMPRIMERIE VALENTINOISE — PLACE SAINT-JEAN.

1891

I

Nous avons publié *la vie de Marie de Valence* en deux éditions (1).

La première édition parut avec l'*Imprimatur* canonique donné par Mgr Gueullette, de pieuse mémoire, alors évêque de Valence, d'après le témoignage favorable du compte-rendu par l'un de Messieurs les Vicaires Généraux, aujourd'hui Mgr Vigne, archevêque d'Avignon.

L'illustre évêque de Poitiers (2) approuva ainsi la pensée que nous avions eue de faire revivre la mémoire de Marie de Valence : « Je vous sais bien gré pour ma part d'avoir mis en relief, par « une monographie intéressante et complète, cette modeste « Marie de Valence, dont les vertus et les dons surnaturels « ont été un sujet d'admiration pour toute la riche pléiade de « grands serviteurs de Dieu qui a illustré la première moitié du « XVIIe siècle. Votre livre sera lu avec intérêt et avec fruit. Je « vous remercie de me l'avoir adressé ». Recevez, etc.

Naguère, un Prélat (3) dont s'honore le diocèse de Valence, nous faisait l'honneur de nous écrire : « La lecture de votre « Vie de *Marie de Valence* est des plus attachantes, non seule- « ment au point de vue de la piété, mais encore au point de « vue de l'histoire de France, pour cette époque de transition « entre les dernières guerres religieuses et la forte unité don- « née à la nation par Louis XIV. Votre troisième édition aura « le même succès que les précédentes, et je me réjouis qu'elle « fasse connaître davantage la vie vraiment extraordinaire de « cette servante de Dieu qui illustra si saintement notre ville « de Valence ».

---

(1) 1 vol. in-12, XXX, 287-1874-1877.
(2) Mgr Pie.
(3) Mgr Hugues de Ragnau, prélat référendaire de la signature papale.

La presse religieuse n'accueillit pas moins favorablement cette *découverte*, pour beaucoup ; qu'on nous permette de citer quelques témoignages de ses organes les plus autorisés, tout à l'honneur de Marie de Valence. « *Vie de Marie de Valence*. Nous venons de lire cette vie avec le plus grand intérêt et nous ne saurions trop recommander cet ouvrage à la pieuse attention de nos abonnés : il peut revendiquer, à notre humble avis, toutes les qualités d'un livre instructif, pieux et attrayant.

« Le personnage qui en est l'objet s'est acquis une juste célébrité. Marie de Valence nous apparaît comme une des plus belles fleurs du XVIIe siècle si fécond d'ailleurs en sciences, en gloires et en vertus ; elle a sa place marquée près des grandes âmes qui illustrèrent cette époque de restauration religieuse ; elle figure au premier rang par sa sainteté, par l'éclat des dons surnaturels que le ciel lui a communiqués et par l'influence qu'elle exerça sur ses contemporains. Marie brille comme un astre resplendissant dans sa chère ville de Valence dont elle devient l'oracle, la providence et l'apôtre, et qui lui voue un culte extraordinaire de vénération et d'amour. Elle excite l'admiration de tous les grands et saints ascètes de son temps : le P. Cotton parle d'elle avec une estime singulière ; le P. de la Rivière célèbre ses vertus ; le cardinal de Bérulle loue son esprit ; S. Vincent de Paul recommande à ses prières sa personne et ses œuvres ; S. François de Sales se félicite de converser avec elle et l'appelle une relique vivante ; M. Olier vient la consulter. Elle acquiert une telle renommée qu'on emploie tous les moyens pour l'attirer à Paris et à la Cour. Le roi Louis XIII, de passage à Valence, s'entretient avec elle (1) ; Richelieu l'interroge et la Reine-Mère la prie de venir la trouver à Lyon. Partout Marie est accueillie avec des transports de joie et les sentiments d'une profonde vénération.

« Sa vie nous découvre les admirables inventions de la grâce. Marie de Valence est née dans l'hérésie ; ses parents la marient toute jeune à un huguenot, elle va habiter au milieu des protestants. Dieu la conduit merveilleusement depuis son berceau : elle est catholique au fond de son cœur, elle le deviendra de fait et ramènera son époux au giron de la sainte Eglise. C'est

---

(1) La reine Anne d'Autriche, accompagnant le roi, donna un magnifique chapelet à Marie, en souvenir.

au milieu du monde qu'elle se sanctifie ; bien qu'elle soit l'instrument de la Providence pour la fondation du monastère de la Visitation, du couvent des Ursulines et de celui des Minimes, elle reste néanmoins dans sa modeste habitation ; elle est appelée à édifier ses compatriotes, à confondre l'hérésie, à réfuter, par sa piété, l'esprit janséniste.

« On le comprend sans peine, cette vie se meut dans un cadre assez large et renferme des faits du plus haut intérêt. Le P. de La Rivière, qui l'a écrite pour la première fois, appartenait à l'Ordre des Minimes et avait dirigé la sainte veuve pendant 30 ans ; son livre eut une grande vogue en France et à l'étranger, d'autres écrivains distingués, nous citerons particulièrement M. l'abbé Souchier et M. l'abbé Nadal, ont publié sur Marie de Valence des mémoires importants Le nouvel historien de Marie de Valence, en composant et en éditant une nouvelle vie, a eu une heureuse inspiration ; il s'est acquitté de sa tâche avec un véritable talent ; il a présenté les faits avec tout l'intérêt et toute l'ampleur que comportait le récit ; il y joint à une saine doctrine, l'onction de la piété et une diction à la fois simple, correcte et pure. Sa biographie mérite l'attention non seulement des compatriotes de Marie de Valence, mais bien encore de tous les fidèles qui aiment à s'instruire à l'école des saints et de tous ceux qui ont le culte des grandes âmes de leur pays » (1).

« Marie de Valence est un personnage du XVIIe siècle dont on retrouve le nom dans toutes les histoires de ce temps... (2) Le travail de son nouvel historien est excellent. Il restaure au milieu de nous une grande âme, dont on connaissait le nom, mais dont on avait perdu de vue l'ensemble des gestes. Il n'y a eu qu'une vie imprimée de Marie de Valence : elle est due à un Minime éloquent et distingué, le P. de La Rivière, dont l'œuvre diffuse avait suscité beaucoup de griefs, et devenue très rare. L'auteur que nous signalons a repris la Vie de Marie de Valence du P. de La Rivière, et composé la sienne avec l'appli-

---

(1) *La Sainte famille.* Revue ascétique publiée sous le patronage de S. Alphonse de Liguori par quelques Pères Rédemptoristes, janvier 1875.

(2) Les publicistes que nous citons encore donnent à grands traits l'historique de la vie de Marie de Valence, qui se rapproche de celui qu'on vient de lire, c'est pourquoi nous supprimons cette partie de leurs comptes-rendus pour signaler le jugement des revues, semaines religieuses, journaux graves et sérieux, dont ils sont les interprètes sur Marie de Valence.

cation et le respect d'un dévot à la mémoire qu'il voulait célébrer. Nous souhaitons beaucoup de monographies écrites de cette sorte, et nous recommandons la Vie de Marie de Valence comme un livre d'histoire et d'édification très intéressant à lire et propre à tous les lecteurs » (1).

« ... Sous l'influence de la grâce, elle arriva à un tel degré de sainteté que sa vie est remplie de faits merveilleux, et que, de tous côtés, on accourait pour la voir et l'entendre. S. François de Sales, M. Olier et de grands personnages comme Louis XIII, Anne d'Autriche, Richelieu, Marie de Médicis voulurent converser avec elle et se retiraient pleins d'admiration pour la perfection surnaturelle de cette humble servante de Dieu. Le P. Cotton, célèbre religieux jésuite, et plus tard le P. de La Rivière, religieux minime qui écrivit sa vie, furent ses directeurs. Après sa mort, la ville de Valence, qui lui devait beaucoup, voulut lui rendre un culte public, et il fallut toutes les défenses de l'autorité ecclésiastique pour arrêter cet élan de l'enthousiasme populaire.

« En racontant sa vie, son nouveau biographe a fait un bon livre dont la lecture est aussi attrayante qu'édifiante. L'auteur ne se perd pas en dissertations inutiles ; il va droit au but ; de judicieuses réflexions accompagnent le récit, et ce qui ajoute au charme de cette lecture, ce sont les citations de langage du temps, soit de Marie de Valence elle-même, soit du P. de La Rivière, son premier biographe » (2)... A.

« ... Elle vécut ainsi jusqu'à l'an 1648, sur les confins, pour ainsi dire, du cloître et du monde, situation providentielle que Dieu réserve à certaines âmes pour donner à l'un comme à l'autre, la noble émulation de la sainteté et laisser aussi à l'apostolat de la vertu un exercice plus libre et un rayonnement plus étendu.

« L'auteur, en publiant de nouveau cette vie trop oubliée, aura contribué à renouveler et à rajeunir cet apostolat du bien. Nous le remercions pour notre part de la double et vive jouissance qu'il nous a procurée en nous faisant voir de près une âme de

---

(1) L'*Univers*, mai 1874. Léon Aubineau.
(2) *Semaine catholique* de Lyon, avec l'approbation de Mgr l'Archevêque. — 1874 : 26 février.

sainte, et, pour quelques instants, retrouver les souvenirs et respirer l'air si sain du grand siècle » (1). X.

« ..... Devenue veuve, la sainte femme se renferme dans la pratique parfaite des conseils évangéliques, vivant d'une vie d'intérieur et d'oraison, de pénitence et de sacrifice, en plein élément surnaturel. L'histoire de ces années de bénédiction nous a paru des plus touchantes dans sa simplicité même : elle est écrite avec autant de piété que d'intérêt et de goût. Nous croyons qu'on n'achèvera pas cette lecture sans être disposé à devenir meilleur.

« Marie de Valence mourut dans sa ville natale le 1er avril 1648, à l'âge de soixante-douze ans. Ses précieux ossements sauvés du vandalisme révolutionnaire par le courage de M. d'Autussac, reposent encore aujourd'hui dans les deux couvents de la Visitation et de la Trinité. Rome introduira-t-elle un jour la cause de sa béatification ? Nous le souhaitons pour la gloire de cette noble Eglise de Valence qui, par ses fondateurs, disciples de S. Irénée, remonte jusqu'aux âges apostoliques. Puisse ce fleuron nouveau être attaché, dans un avenir prochain, à la couronne des Félix et des Fortunat, des Apollinaire et des Emilien ! » (2)

« ... L'histoire de la vie de Marie de Valence aura donc un rang distingué dans nos bibliothèques. Et qui sait ? Peut-être aura-t-elle cette enviable destinée, *habent sua fata libelli*, de faire introduire à Rome, dans un temps prochain, la cause de Marie de Valence » (3).

« ... Ce n'est pas ici le lieu de suivre, avec son historien, Marie de Valence, dans ses voies merveilleuses, dans ses luttes, dans ses victoires, dans ses joies, dans ses douleurs, dans son admirable dévouement pendant la peste de 1628, qui désola nos contrées, dans ses relations avec le monde, avec le P. de La Rivière, avec Mme la duchesse d'Aiguillon, Mlle de Couches, Mme Accarie (plus tard la bienheureuse Marie de l'Incarnation au Carmel) ; avec Michel de Marillac, le cardinal de Bérulle et autres personnages illustres de son temps. Qu'il nous suffise

---

(1) L'*Echo de l'Ardèche*. — 1874 : 22 octobre. La *Semaine religieuse* du diocèse n'existait pas encore.

(2) *Etudes religieuses*, par les PP. de la Compagnie de Jésus. Mai 1874. E. Regnault.

(3) L'*Ordre et la Liberté*, journal de la Drôme et de l'Ardèche. — Janvier 1874. J. Gandy. — La *Semaine religieuse* de Valence n'existait pas encore à cette époque.

de dire que le bruit de sa sainteté avait franchi l'enceinte de sa ville natale, et qu'il s'était répandu dans la France entière. M. Olier, fondateur de St-Sulpice, parlait d'elle avec admiration ; S. François de Sales l'appelait une relique vivante, S. Vincent de Paul se recommandait à ses prières. Louis XIII voulut la voir ; Marie de Médicis chercha à l'attirer à la Cour. Mais, fidèle au foyer paternel, Marie resta à Valence où elle s'éteignit dans le Seigneur en 1648. Ses funérailles furent un triomphe : la mort des saints est toujours précieuse devant Dieu et devant les hommes.

« La lecture d'une telle vie ne peut que faire du bien ! On ne quitte pas le livre sans se sentir meilleur ! Que de réflexions ce livre fait naître !

« Eh quoi ! voilà une femme sans nom, sans culture, ne connaissant que son crucifix et qui, par sa piété seule, arrive à la plus grande célébrité et finit, pour me servir d'une expression vulgaire, mais juste, par en apprendre aux plus sages et aux plus vertueux. Expliquer humainement ce mystère ? Evidemment *le doigt de Dieu est là*. Et que penser d'une religion qui accomplit de telles merveilles ! Quelle puissance que celle de la sainteté ! On comprend ici ce cri de Lacordaire : « Mon Dieu, donnez-nous des saints ! » Oui, mon Dieu, donnez-nous des saints ! donnez-nous des Marie de Valence ! » (1).

« ... Marie de Valence a été sans contredit l'une des personnalités les plus remarquables de cette période si brillante de l'histoire de l'Eglise de France qui a marqué le règne de Louis XIII et le commencement du grand siècle, qui a produit S. François de Sales, S. Vincent de Paul, Ste Chantal, Mme Acarie, M. Olier, le P. Cotton et tant d'autres âmes éminentes.... Marie de Valence mourut le 1er avril 1648, à l'âge de soixante-douze ans, et fut inhumée dans l'église des Minimes, qui est aujourd'hui celle du monastère de la Visitation. Il se fit un concours immense à son tombeau, et des miracles nombreux attestèrent la puissance et le crédit dans le ciel de l'illustre servante de Dieu..... Les miracles dont Marie de Valence a été honorée pendant sa vie et après sa mort suffiraient pour la faire inscrire au rang des saints. Mais qui sait si Dieu, dans sa sagesse infinie, n'a point réservé à notre siècle de voir élever sur nos autels cette âme

---

(1) *La Drôme.* 1874, août. A. F.

conquise par sa grâce sur l'hérésie, pour ramener à la vraie foi, par sa puissante intercession et frapper, comme par un coup de grâce et de miséricorde, les pauvres protestants encore si nombreux dans le diocèse de Valence où elle a vécu.

« Puisse le livre de son nouvel historien faire connaître l'une des gloires les plus pures de notre patrie, et contribuer à hâter le jour de la glorification terrestre de notre sainte compatriote ! Grâce à cet excellent livre, le nom de Marie Teyssonnier (Marie de Valence) redeviendra populaire parmi les habitants de Valence, qui en avaient presque perdu le souvenir, et ils pourront vouer de nouveau, en toute connaissance de cause, et cette fois-ci, en toute liberté, un culte de vénération et d'amour à celle que leurs pères ont tant aimée, et qui fut si longtemps la gloire de leurs aïeux et l'honneur de leur cité » (1).

La lecture de la vie de Marie de Valence est en grande faveur dans les familles d'Ordres religieux. De là encore nous sont venues des adresses personnelles, les plus bienveillantes et les plus encourageantes. Ce succès paraît d'abord étrange, puisque Marie de Valence, tout en contribuant à l'établissement de divers ordres religieux dans sa ville natale, n'a pas été elle-même religieuse, si ce n'est dans le tiers-ordre de S. François. Elle l'était éminemment, au dire d'un religieux célèbre, à cette époque, par sa forte vertu, par sa science, par sa sagesse et sa prudence éprouvées, le P. Cotton, de la Compagnie de Jésus, le directeur spirituel de notre sainte veuve : « La ville de Valence
« a raison de conserver ce trésor de piété, car il y a des saints
« en paradis à qui Dieu n'a pas départi plus de grâces qu'à cette
« sienne dévote servante. J'ai recueilli de vos discours que
« l'on juge qu'elle entrera bientôt en une religion ; et moi je
« vous assure que je ne le pense pas, d'autant que sa vocation
« est plus grande, et sa façon de vie plus haute que les com-
« munes règles d'une religion ».

Cependant les ardents désirs des compatriotes de Marie de Valence font place à de douces et saintes espérances ; nous avons découvert de nouveaux et précieux documents qui la font plus radieuse de sainteté, c'est pourquoi nous avons le dessein

---

(1) *Semaine religieuse* de Grenoble. — Février 1874. C. P

de publier une troisième édition de la vie de Marie de Valence plus complète que les deux premières (1).

Parmi ces documents nouveaux, il en est un qui se rapporte aux faveurs du divin Cœur de Jésus dont Marie de Valence fut prévenue et qui lui donne une place légitime parmi les précurseurs de la bienheureuse Marguerite-Marie.

Nous détachons ce fleuron de sa couronne, riche de tant d'autres dons éclatants, et nous l'offrons à l'admiration et à la piété des amis du Sacré-Cœur, avec la reproduction de ses traits, si heureusement réussie dans les ateliers d'un artiste dauphinois, à Paris.

Heureux sommes-nous d'éveiller un écho du passé à la gloire du divin Cœur qui a été, est aujourd'hui et sera à jamais aimé et adoré ! *Christus heri, et hodie ; ipse et in secula !* (Héb. XIII, 8).

(1) On souscrit chez M. Lantheaume, libraire, place des Clercs ; chez M. Vercelin, libraire, rue Notre-Dame et chez l'auteur, rue St-Jean, 4. Prix : 3 francs et 3 francs 50c. par la poste, après la réception de l'ouvrage.

LES PRÉCURSEURS

DE LA BIENHEUREUSE MARGUERITE-MARIE

(MARIE DE VALENCE)

Dieu procède par voie de préparation éloignée et prochaine dans ses plus grandes manifestations d'amour et de miséricorde.

La Bienheureuse Marguerite-Marie, l'apôtre prédestinée, entre tous, du divin Cœur, eut pour précurseurs : Sainte Gertrude, Sainte Mecthilde, Sainte Brigitte, Saint Louis de Gonzague, Saint Bernard, Saint François de Sales, le Vénérable Eudes ; des âmes en odeur de sainteté parmi lesquelles *Marie de Valence* (1).

Le trait caractéristique de l'humble servante de Dieu est celui des saints plus particulièrement formés à l'école du divin Cœur : l'amour divin avide de l'Eucharistie où s'allument ses saintes et rayonnantes ardeurs. Ce trait de ressemblance avec le disciple bien aimé qui reposa sur le Cœur de Jésus au banquet eucharistique, est d'autant plus merveilleux en Marie de Valence qu'elle y avait été moins préparée par son origine et par son éducation. Elle naît dans l'hérésie d'où la Providence, par des voies extraordinaires, la retire à un âge déjà avancé ; son père, insensible à ses larmes, la contraint d'épouser un hérétique plus dur encore et adonné à l'ivresse, qu'elle convertit par son héroïque douceur ; elle habite des contrées où l'hérésie de Calvin et le Jansénisme étouffent dans les âmes saintes les aspirations de la piété en portant atteinte au sacrement adorable qui en est l'aliment et le foyer, l'un par une faus-

---

(1) La suave odeur des vertus de Marie s'exhalant çà et là, au long et au large, la mit incontinent en grande réputation à Valence, en la province du Dauphiné et, successivement, par tout le royaume de France. Il n'y avoit celuy qui n'en parloit en termes d'estime, d'honneur et de respect, et qui ne fust curieux de la visiter. (Le P. de La Rivière). Et qu'on ne pense pas que le P. de La Rivière se laisse aller à l'excès de son enthousiasme et de sa vénération pour celle dont il écrit l'histoire ; il ne fait que rendre hommage à la vérité en exprimant l'opinion générale de ses contemporains (Nadal. hist. hagiol. du diocèse de Valence. p. 396).

Marie de Valence, dont la vie a été écrite par ordre de la feue reine, fut une des filles spirituelles du P. Coton. Elle avait été huguenote, et Dieu lui ayant touché le cœur, elle correspondait si bien aux grâces qu'elle en recevait, qu'elle devint une autre Sainte Thérèse. (Le P. d'Orléans S. J. Vie du P. Coton p. 274).

Ce fut vers ce même temps, 1637, que M. Olier connut Marie Teyssonnier, l'une des âmes les plus élevées de son siècle, et qu'on a comparée à Sainte Thérèse pour

se et hypocrite révérence, l'autre par une négation sacrilège. C'est à travers ces ombres que se fait jour l'âme de Marie, éprise des saintes délices de l'Eucharistie et des attraits du divin amour.

Au nom de l'Eucharistie elle se levait et inclinait la tête ; elle passait tous les jours quatre heures en présence du Très-Saint Sacrement, à genoux sur la pierre nue. Elle désirait posséder un os des doigts consacrés d'un prêtre, afin de l'embaumer et de le conserver comme une précieuse relique. Une de ses dévotions était de prier pour les prêtres. M. Olier affirme avoir appris d'elle sa mission dans le clergé (1). Le P. Coton, son confesseur, lui permit la communion quotidienne, au grand étonnement d'esprits chagrins qui allèrent s'en plaindre à Monseigneur André de Léberon, évêque de Valence. Mais le Prélat renchérit encore sur l'autorisation du confesseur en permettant que, Marie devenue infirme, on célébrât le saint sacrifice de la messe dans son oratoire, s'offrant lui-même à *en être le chapelain*. La sainte Eucharistie était devenue pour Marie un aliment indispensable : dans ses relations avec sainte Chantal et les premières mères de la Visitation, elle dit un jour à la mère de Blonay qu'elle ne survivrait pas à la privation de ce bonheur.

Nous regrettons de ne pouvoir reproduire ici que quelques traits enflammés de cette âme eucharistique.

Dans son impuissance à répondre à l'amour divin par l'amour, elle y provoque toutes les créatures dans un langage ravissant de simplicité mais sublime d'élévation : « Mon doux Epoux, vous me « découvrez un rayon de votre infinie beauté ! O le beau spectacle ! « Mon cœur en tressaille ; il manque d'espace pour respirer ; mon « âme se fond et se liquéfie à force d'aise et de joie. Si ce seul rayon « est si brillant, que sera-ce de voir ce soleil en plein midi ! ô beauté

---

l'éminence de ses dons. Cette sainte veuve, appelée communément Marie de Valence, du nom de la ville où elle résidait, etc. etc. (Faillon, Vie de M. Olier. t. 1. p. 177).

... Notre très chère sœur Agathe Michelard eut le bonheur d'être formée à la vertu par une des plus saintes âmes de son siècle ; nous voulons parler de la dévote Marie Teyssonnier, surnommée Marie de Valence. (Année sainte de la Visitation. t. II p. 149).

Enfermée dans sa modeste demeure avec une fidèle et digne compagne de sa solitude, Marie de Valence ne pensait qu'à sanctifier ses jours par la mortification et la prière. Mais le Seigneur, qui se plait à tirer sa gloire de l'humilité de ses serviteurs, ne permit pas que celle de cette sainte âme la préservât de l'admiration publique, ni que l'obscurité de la retraite, qui abritait sa vertu, en dérobât l'éclat aux yeux du monde. La ville de Valence connut le prix du trésor qu'elle possédait : elle l'environnait de sa confiance, de ses respects et de sa reconnaissance : l'humble séjour de Marie devint comme un sanctuaire placé sous la sauvegarde de la vénération publique : on ne s'en approchait que pour apprendre d'elle les secrets de la vie spirituelle, ou pour lui demander le secours de ses prières et les consolations de la foi. (Prat, S. J. Recherches historiques et critiques sur la Compagnie de Jésus en France du temps du P. Coton. t. I. p. 629).

(1) L'esprit de M. Olier, t. II. p. 364.

« ravissante, je vous vois très digne de vos éternelles et divines
« louanges ! ô mer sans limites ! ô bénite source, ô torrent, ô
« gouffre, ô abîme de beauté, je vous adore et voudrais m'anéan-
« tir en mes adorations !... Toutes choses, venez m'aider à aimer
« l'auteur de toutes choses !... O Celui que mon âme aime, je vou-
« drais que mon corps devînt tout cœur, que mon âme se trans-
« formât toute en cœur, que mes sens extérieurs et intérieurs se
« changeassent tous en cœur, je voudrais être toute cœur !... Mon
« doux Epoux vous élevâtes et enlevâtes le Prophète Elie dans un
« chariot de feu, ô celui que mon âme aime, enserrez-moi dans un
« globe de feu céleste, dans un globe d'amour sacré, que je ne
« puisse en façon quelconque sortir de ce globe, qu'il m'emporte
« çà et là, haut et bas, partout où votre service m'appellera, jus-
« qu'à ce qu'il me transporte finalement en vous, mon bien aimé!...
« Hélas ! tarderai-je de trouver mon bien-aimé ! Mon esprit ne
« peut plus marcher, il est tout las et hors d'haleine à force de che-
« miner et chercher celui que mon cœur aime. Je suis toute lan-
« guissante et le serai toujours jusqu'à ce que je l'aie trouvé ! O vous
« tous, les habitants du ciel, aidez-moi à rencontrer bientôt celui
« sans lequel je ne puis plus vivre ! O anges du paradis, venez à
« mon secours, et m'apportez nouvelles de celui sans lequel
« je ne saurais subsister ! O Vierge glorieuse, faites-moi tout
« maintenant trouver votre Fils, ma lumière et mon tout !
« Bonté divine, qu'est-ce que je vois ? Qu'est-ce que j'entends ?
« Qu'est-ce que je sens ? Etes-vous ici, Jésus, mon Epoux, Jésus,
« mon amour, êtes-vous ici ? Je viens de vous chercher partout où
« il m'a été possible. Je vous adore de tout mon cœur, Je vous
« adore ! Abimez-moi toute en vous ! N'ayez égard à mon indi-
« gnité, mais à la dignité de votre pur, saint et parfait amour !...»
Auprès de cette âme séraphique on se sentait pénétré de divine
ardeur : « Je confesse que tandis que je lui servois de secrétaire,
« je sentis souvent des effets de la divine bonté en mon endroit
« fort suaves (1) « Saint François de Sales aimait à s'entretenir
« avec elle des choses célestes ; et il sortait toujours de ces con-
« versations pénétré du respect qu'inspire la sainteté » (2).
« Apprenez, dit-il un jour, à l'un des siens, qu'il fait grand bien à
« un pécheur comme moi de parler cœur à cœur à une sainte
« épouse de Jésus-Christ, telle que Marie de Valence » (3). « Je me
« souviens qu'étant allé pour visiter cette grande âme, Marie de
« Valence, j'appris qu'elle avait grande lumière de quantité de per-
« sonnes qui devaient se sauver, en ce temps, sous les faveurs de
« Jésus, Marie, Joseph. Les premières visites que je fis auprès
« d'elle m'avaient inspiré les impressions et les sentiments des

---

(1) Le P. de La Rivière.
(2) Prat. S. J. Recherches hist. du crit. t. I p. 628.
(3) Hamon. Vie de Saint François de Sales. t. II p. 213.

« vertus dont je ressens les effets en mon âme. J'éprouve même
« quelque chose de la communion, que cette âme reçoit de Jésus-
« Christ »(1). M. de Bretonvilliers, successeur immédiat de M.
Olier, accompagnait le saint Fondateur de S. Sulpice dont il
partagea les mêmes impressions : « Je croyais voir plutôt un
« ange du ciel qu'une créature encore vivante sur la terre. Elle me
« parut si remplie de l'esprit de Dieu, et la modestie ravissante
« de son visage, qui avait quelque chose de surnaturel, me fit une
« telle impression, qu'aujourd'hui même quoiqu'il se soit écoulé
« déjà bien des années depuis notre entrevue, j'en suis tout aussi
« ému, quand j'y songe, que si je l'entendais encore à présent » (2).

Marie de Valence n'était pas moins réputée pour ses lumières.
Veuve à vingt-quatre ans, elle ne savait pas encore lire ; le P. Coton, son directeur, l'engagea à s'initier à la lecture afin de réciter
l'office de Notre-Dame. Le *Pater*, l'*Ave*, le *Credo* qu'elle savait par
cœur, et l'office de Notre-Dame, qu'elle disait chaque jour, étaient
tout son savoir, mais à la manière des saints et des docteurs.
*Ses exercices spirituels, recueillis par ordre de la reine, furent très estimés et trouvés fort beaux par plusieurs évêques
et plusieurs personnages de grand mérite.* (3) Nous espérons
en publier un jour de larges extraits ainsi que nous l'avons fait
de ses élévations sur le *Pater*, l'*Ave*, le *Credo*, et que de pieux
directeurs maintenant donnent à méditer. (4) « On approchait de
Marie de Valence pour apprendre d'elle les secrets de la vie spirituelle, pour lui demander le secours de ses prières et les consolations de la foi ». (5) Sainte de Chantal conseille à l'une de ses
filles les plus éminentes de recourir aux lumières de Marie de
Valence, aux heures de ses troubles et peines de conscience. (6) La
Reine-mère, Marie de Médicis, à cause de la réputation extraordinaire que Marie de Valence s'était acquise dans les voies de la
plus haute spiritualité, l'appelle du fond du Dauphiné et vient
conférer avec elle tous les jours au parloir de la Visitation de
Lyon (7); elle est surtout consolée par les espérances du salut
d'Henri IV, que lui donne la servante de Dieu. Les mystères les
plus impénétrables de la foi sont les plus familiers à Marie de
Valence : Le mystère de la Très Sainte Trinité, comme l'Eucharistie, est l'une de ses plus ardentes dévotions. « Cette sainte fem-

---

(1) Extrait des mémoires de M. Olier sur Marie de Valence, t. II p. 26.
(2) Faillon. Vie de M. Olier, t. II p. 12.
(3) Le R. de La Rivière, historien de S. François de Sales et Marie de Valence, prédicateur célèbre, théologien de l'Ordre des Minimes, homme supérieur en son siècle. — Voir la *Semaine religieuse* de Valence, 17 avril 1891.
(4) Vie de Marie de Valence, p. 297 et suiv.
(5) Prat. S. J. recherches hist. et crit., t. I, p. 629.
(6) Let. MCCVIII.
(7) Pérennès. Hist. de S. François de Sales d'après des documents originaux et de nombreux manuscrits.

« me était sans cesse occupée des moyens de glorifier la Très
« Sainte Trinité : c'était là son attrait dominant, et comme sa grâce
« particulière. L'impression qui saisit M. Olier en la voyant et les
« mouvements extraordinaires de religion qu'il ressentit, lui firent
« croire que Dieu le mettait lui-même en participation de la même
« grâce. Dès ce moment et jusqu'à sa mort, il éprouva un désir ar-
« dent d'imprimer le respect et l'amour de l'adorable Trinité dans
« tous les cœurs, désir qui l'a porté à composer la belle prière du
« matin, par laquelle les élèves du Séminaire de Saint Sulpice
« honorent tour à tour les trois divines personnes et se consa-
« crent à elles.... Le dessein de la providence, en formant cette
« union entre eux, fut de donner à M. Olier un nouveau secours
« qui l'aidât dans l'œuvre de sa sanctification et de nouvelles lumiè-
« res sur sa vocation future ». (1).

Parmi les dons extraordinaires qui lui attiraient les grands du royaume, Louis XIII, Anne d'Autriche, Richelieu, Michel de Morillac, les docteurs comme les humbles et les petits, elle avait les dons de prophétie et d'intuition des consciences, que ses directeurs, entre autres : le P. Coton, le P. de La Rivière, M. Olier, reconnurent par leur expérience toute personnelle.

Marie de Valence se range parmi les Précurseurs de la Bienheureuse Marguerite Marie d'une manière plus directe et plus frappante. L'humble veuve mourait en 1648 dans la ville dont elle avait illustré le nom en France, lorsque la Bienheureuse Marguerite Marie naissait à Lanthecourt (2), qu'elle devait rendre à jamais célèbre dans le monde entier. Or, on est merveilleusement surpris des rapports des historiens de l'une et de l'autre, sinon pour la forme du moins pour le fond, lorsqu'ils racontent les intimes colloques de leurs saintes héroïnes avec le divin Cœur. On croit lire des pages de la Vie de la Bienheureuse Marguerite Marie en lisant celles où le P. de La Rivière, l'historien de Marie de Valence, raconte les insignes faveurs qu'elle reçoit du divin Cœur.

Et d'abord, elle n'en est prévenue qu'à la condition de l'épreuve de la douleur commune à tous les saints, à tous les privilégiés du divin Cœur ; les souffrances physiques, morales, dont elle se croit indigne, comme gages de prédilection divine, et qu'elle appelle ses *chères souffrances*, sont ses compagnes inséparables. Mais le Dieu de toute consolation ne se laisse pas vaincre en générosité, et c'est aux heures d'angoisse et de tristesse que son divin Cœur vient la consoler, ranimer son courage, puis l'élever vers les sommets de la perfection. Nous laissons parler son confident, hautement accrédité, avec le charme de son style simple et naïf, que goûtent nos critiques modernes (3). « Notre Seigneur la ravit à

---

(1) Faillon. Vie de M. Olier, t. I. p. 178, 179.
(2) D'après la plupart de ses historiens.
(3) Sainte-Beuve. Port-Royal.

« la contemplation d'un beau spectacle. Il luy fit voir le ciel beau
« à merveilles, et tout diapré et sursemé de cœurs. Ils étaient
« enchâssés au ciel, ainsi que des rubis ou escarboucles dans
« un anneau. Jamais on ne vit de pareils cœurs ny si reluisans,
« ny si ardans, ny si ravissans. Et soit qu'elle ouvrit les yeux,
« soit qu'elle les fermât, toujours elle voyoit ces cœurs célestes.
« Au demeurant elle sentoit avec des douceurs inestimables, que
« ces cœurs célestes attiroient le sien en haut, ne plus ne moins
« que l'aymant attire le fer, et l'enflammoient outre mesure de
« divines affections. Par là, Dieu luy donnoit à connoistre, que
« son cœur devoit désormais estre tout céleste, et consacré au pur
« amour » (1).

« Cependant Marie voguoit à pleines voiles sur le calme océan
« d'une dévotion douce au possible. Elle sentoit les plus tendres
« correspondances du monde, de son Dieu à elle, et d'elle à son
« Dieu. Quand voilà qu'après quelque laps de temps, elle se voit
« tout à coup par une bourrasque inopinée jettée sur la rade, et ré-
« duite à sec. Voilà que de rechef les tiédeurs passées la travail-
« lent, sa dévotion est devenue comme languissante. En cette per-
« plexité elle s'adressa à nostre Sauveur, et toute outrée de dou-
« leur luy demanda *qu'estoit devenue sa dévotion*. Alors le doux
« Sauveur luy fit voir en esprit *son sacré costé ouvert et luy dit*
« *qu'elle estoit là dedans*. A la vue de ce foyer du saint amour,
« soudain sa dévotion prit feu, se ralluma et devint plus flamboyante
« que jamais. Depuis, toutes et quantes fois qu'elle sentoit que sa
« dévotion se ralentissoit tant soit peu, elle avait recours inconti-
« nent à ce *divin costé*, et aussitôt elle se trouvoit réchauffée et
« encouragée à merveilles. Ce qui est icy particulièrement considé-
« rable, est que, par une extraordinaire faveur, le *costé* ouvert de
« Nostre Seigneur luy estoit représenté en forme d'une délicieuse
« demeure où elle se rendoit souvent, y entroit ainsi qu'une colom-
« be dans son colombier, y faisoit sa demeure, et y prenoit ses
« saintes consolations. Disons avec vérité, que ce *costé ouvert*
« estoit l'Académie, où elle apprenoit la science des saincts, la pru-
« dence des justes, la théologie des anges. C'estoit le temple de
« charité où elle montoit pour adorer la charité éternelle, pour of-
« frir ses vœux et se consacrer en parfait holocauste au Dieu de
« charité. »

La dévotion que Marie avait au nom adorable de *Jésus* la porta
à l'écrire avec un fer rouge sur son bras. Bientôt elle le vit impri-
mé dans son cœur comme dans un anneau « dont rejaillissoit dans
« tout son intérieur une clarté qui ne se peut exprimer, ce qui la
« faisoit s'écrier : O puissant et admirable nom ! qui ne vous ai-
« meroit de tout son cœur ! vous les voulez pour vous tous les

---

(1) Le P. de la Rivière. Vie et mœurs de Marie Teissonnier, p 16, 63, 247
et suiv.

« cœurs !... Venez cœurs, venez tous, demeurez attachés à ce
« précieux et gracieux nom ». Voicy une autre faveur digne d'être
admirée ».

« C'est qu'après que l'adorable nom de Jésus eust esté enchâssé
« dans son cœur en forme de pierre précieuse, elle veid encore en
« esprit que le divin Espoux luy prenoit son cœur, et le rendoit
« tout à fait sien. Ce qui luy donna un si vif sentiment que son cœur
« estoit entièrement de son divin Espoux, qu'elle ne le pouvoit
« plus appeler *mon cœur*, mais seulement *vostre cœur* ou *nostre*
« *cœur*, dès lors aussi, elle voyoit son cœur plus net et plus beau
« que par le passé ; et ce qui est merveilleux, il ne pouvoit souf-
« frir qu'aucune chose entrast en luy, qui ne fust toute de Dieu ;
« et s'il s'en présentoit quelqu'une qui fust tant soit peu désagréable
« à Dieu, ou moins agréable, il s'en éloignoit de telle façon, qu'il
« sembloit sortir de son propre lieu. D'abondant elle sentoit parfois
« d'une admirable manière que son cœur s'ouvroit et dilatoit extraor-
« dinairement, et recevoit en soi si suavement que rien plus la
« grâce et l'auteur de la grâce, lequel reposoit volontiers en iceluy,
« et y discouroit d'un langage à nous inconnu de l'amour et de la
« charité qu'il y avoit si miséricordieusement et libéralement
« logé. »

Nous aurions d'autres pages à citer du pieux historien de Marie
de Valence, où s'anime encore l'esquisse merveilleuse des traits
de la glorieuse Marguerite Marie, mais signalons, en l'humble veuve, les deux vertus particulières du divin Cœur, la douceur
et l'humilité, qui ne la rapprochent pas moins de la Bienheureuse
que la similitude des dons.

La douceur et l'humilité sont les marques les plus authentiques
des vrais disciples et apôtres du Divin Cœur. Marie les pratiquait
jusqu'à l'héroïsme ; nous n'en donnerons que quelques exemples.
Dès son berceau elle eut à dévorer toutes amertumes de la vie :
« Jamais pourtant elle n'en a murmuré : vous l'eussiez vue au
« milieu des afflictions avec une contenance modeste, un regard
« doux, un visage content et serein... Son mary, pendant deux ans, l'a
« exercée en plusieurs manières. Tantost il la menaçoit et la mal-
« traitoit, tantost il avoit dessein de l'étrangler, tantost il luy poin-
« toit le poignard contre la poitrine ; ordinoirement il sembloit un
« démon dans la maison. La jeune femme souffroit toutes ces in-
« sultes, tous ces furieux attentats et toutes ces cruautés fort pa-
« tiemment. » La récompense de son martyre domestique fut de
changer du tout au tout le caractère d'abord impossible de son
époux, et de le ramener au giron de l'Eglise catholique, par l'an-
gélique douceur qu'elle ne pouvait puiser que dans le Cœur de
Jésus.

Avec quel soin elle cachait ses dons extraordinaires et se déro-
bait à l'admiration de tous ! il fallait l'intervention de ses directeurs
pour qu'elle se prêtât aux visites des grands ; la duchesse de Ne-
vers ne put lui faire accepter les titres de confiance qu'elle lui

offrait ; Madame la duchesse d'Aiguillon et autres dames de la Cour ne purent la déterminer à aller à Paris où on était désireux de la voir et de l'entretenir ; il ne fallut rien moins que les instances de son directeur et de Richelieu pour qu'elle se prêtât aux désirs de la Reine-Mère, Marie de Médicis, qui voulait conférer avec elle, à Lyon. Pour se soustraire à ces témoignages de vénération publique, elle fût allée se cacher dans les bois « *si son sexe le luy eust permis* » Quand dans le cours de ses entretiens il lui arrivait d'étonner les assistants par un langage qui ne pouvait « estre de son crû », dit le P. de La Rivière, à raison de la science théologique et élevée qu'il supposait, elle répondait à ceux qui l'interrogeaient sur ce fait étrange, qu'elle le tenait d'un *Père* ; or ce père n'était autre que Celui qui est au ciel.

Mais ce qui confondait le plus son humilité, c'était que des saints se fissent recommander à ses prières : ainsi la Bienheureuse Marie de l'Incarnation ; ainsi le saint par excellence de l'humilité : « ... Vous prendrez aussi congé de la bonne et très chère Sœur « Marie (de Valence) et recommandez, s'il vous plait, à ses prières « cette petite compagnie et le plus chétif et le plus misérable de « tous les hommes, qui est moi, et qui suis, en l'amour de notre « Seigneur, votre, etc. » (1)

Sainte Chantal écrivait, de Lyon, à la Mère Jacqueline Favre, Supérieure du Monastère de la Visitation de Dijon : « Nous avons « ici la Sœur Marie de Valence qui est, certes, une âme vraiment « simple et humble, sans que l'on y voit aucune contrainte et singu- « larité. » (2) La même sainte, dans sa déposition pour la cause de la béatification de Saint François de Sales, rapportant un fait qu'elle tenait de Marie de Valence, dit : « Une grande servante de Dieu m'a assuré, etc... (3)

Ainsi Dieu révélait par le témoignage des saints l'humilité de sa servante, de l'humble fille de son Cœur.

Terminons le récit de ces merveilleuses révélations qui furent comme l'aurore du grand jour de la révélation du divin Cœur à la Bienheureuse Marguerite-Marie, par la conclusion même du fidèle historien de Saint François de Sales et de Marie de Valence ; lui aussi devance nos prédicateurs modernes de la dévotion du Sacré-Cœur : « Entrons dans cette salle nuptiale ; que le costé percé « de nostre roi crucifié soit nostre demeure ! ô que de sapience ! « ô que de grâces ! ô que de bénédictions nous puiserons tout à « l'aise dans cette source de vie ! »

L. TROUILLAT.

(1) Lettre de Saint Vincent de Paul à M. Codoing, en mission à Romans, en Dauphiné, 27 décembre 1637.
(2) Lettre CDXII
(3) Article quarantième

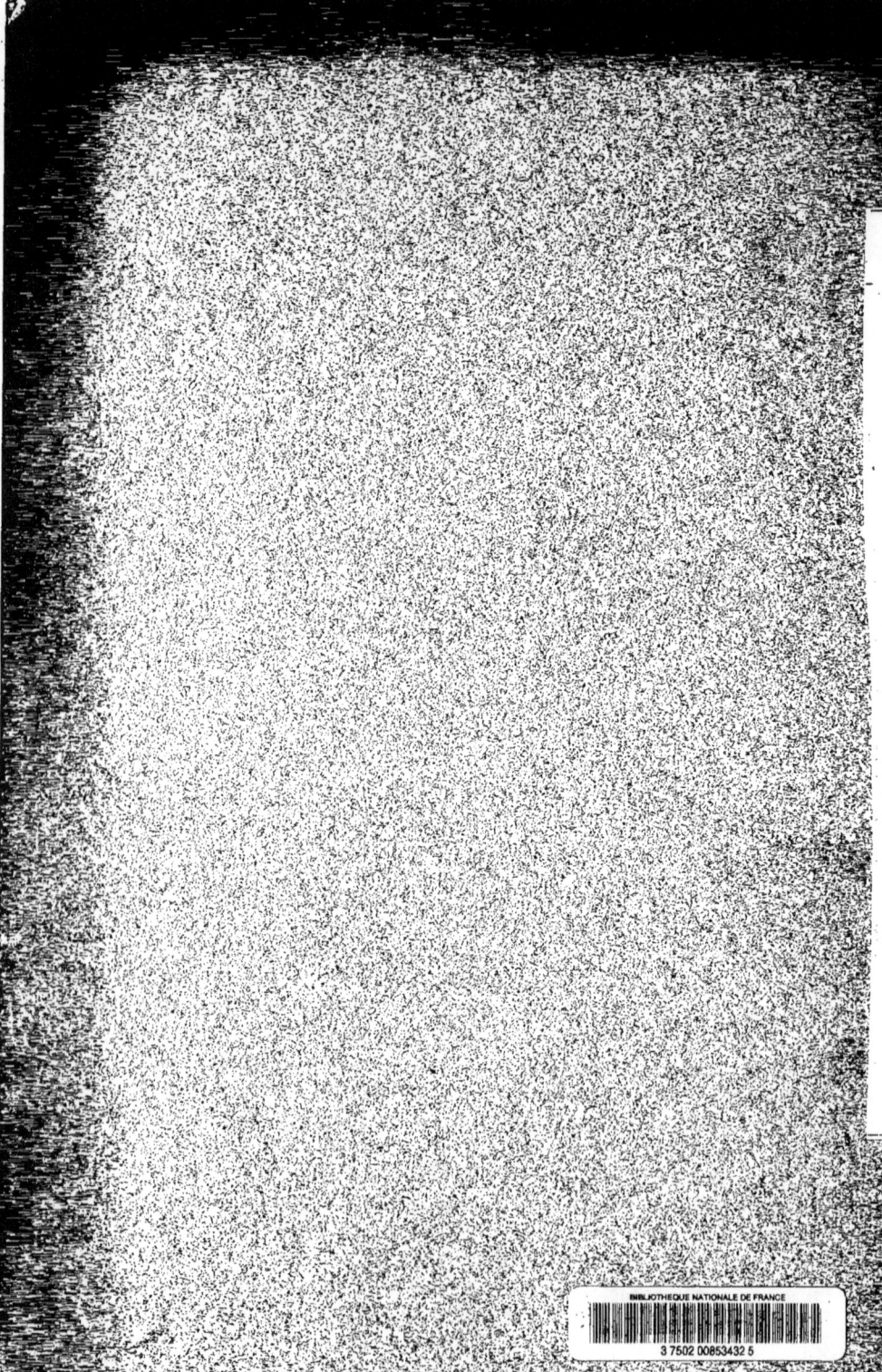

www.ingramcontent.com/pod-product-compliance
Lightning Source LLC
Chambersburg PA
CBHW061018050426
42453CB00009B/1514